THE MET

MYSTÈRE au musée

DE
HELEN FRIEL

LAROUSSE

Bonjour, je m'appelle 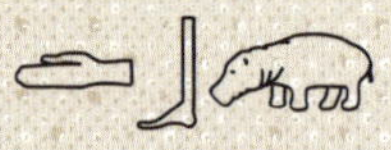, ce qui signifie « hippopotame » en hiéroglyphes. Mais mon surnom est William. Aujourd'hui, on me trouve au Louvre, à Paris, et à New York, dans les galeries d'art égyptien du célèbre Metropolitan Museum of Art. À ton avis, comment un si petit hippopotame a-t-il fait un si long voyage ?

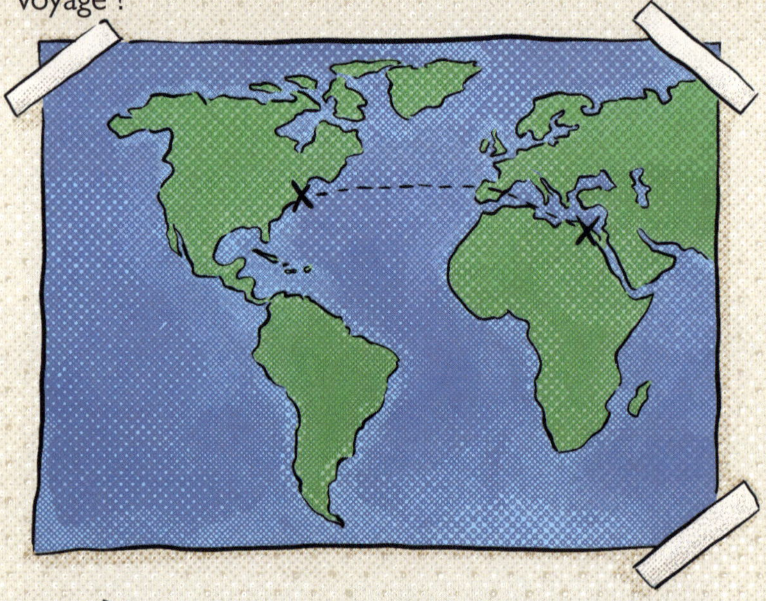

Mon histoire débute il y a environ 4 000 ans sur les rives du Nil, un grand fleuve d'Afrique. Les Égyptiens croisaient souvent mes frères et sœurs en naviguant sur le Nil. Bien que gentils la plupart du temps, certains hippopotames peuvent être très grognons si on tombe sur eux au mauvais moment.

Les Égyptiens, qui croyaient à la renaissance après la mort, plaçaient de petits hippopotames comme moi dans les tombes pour aider les morts à reprendre des forces afin de renaître. J'ai été fabriqué en faïence, une céramique d'un bleu éclatant, et décoré de fleurs de lotus. On trouve ces fleurs sur les bords du Nil. Comme elles se referment la nuit et éclosent à nouveau le matin, les Égyptiens les prenaient pour un symbole de renaissance.

Les Égyptiens admiraient la force des hippopotames. Mais ils en avaient peur également, car nous pouvons parfois être dangereux. Pour m'empêcher de l'être, trois de mes pattes ont été cassées avant que l'on me place dans une tombe. J'ai vécu très longtemps dans cette tombe, mais cela ne m'a pas trop gêné. J'ai chanté pour passer le temps.

Il y a plus de 100 ans, en 1910, ma vie a changé. Soudain, le bruit et la lumière ont envahi la tombe où je demeurais. Des archéologues ont été très contents de me découvrir. Après, j'ai déménagé plusieurs fois. J'ai été nettoyé et j'ai reçu trois nouvelles pattes ! Parfois, des gens me rendaient visite et admiraient ma belle couleur bleue.

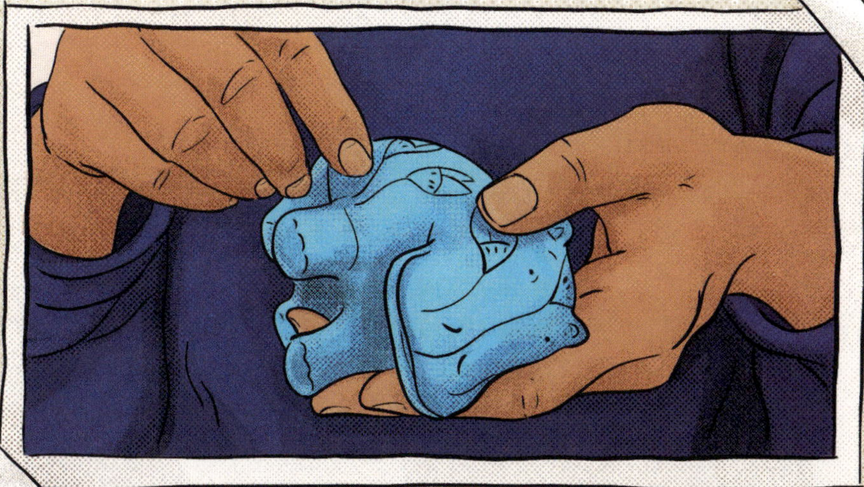

En 1917, je suis arrivé au Metropolitan Museum of Art à New York et des milliers de gens viennent m'y voir chaque jour !
En 1931, un certain capitaine H. M. Raleigh m'a donné mon surnom. Il a aussi expliqué dans un magazine qu'il y avait une photo de moi dans sa maison de famille. Dès que les Raleigh devaient prendre une décision importante, ils me demandaient mon avis. J'ai gardé depuis ce surnom de William.

J'habite dans la galerie égyptienne du musée depuis plus de 100 ans ! Quand le musée ferme, je me promène dans ses grandes salles et je rencontre des personnages extraordinaires venus du monde entier. Parfois, ma maison d'enfance en Égypte me manque, mais heureusement, je me suis fait plein de nouveaux amis ici. Je te les présente ?
Voici **Ninjin**, ma meilleure amie, qui vient du Japon. À mon arrivée, elle m'a fait visiter les lieux et m'a présenté tout le monde. Elle est très intelligente. Pour résoudre des énigmes, c'est la championne. Chez les lapins, c'est une véritable star !

Le coq **Filibert** est le plus bruyant de tous les animaux. On l'entend venir de très loin ! C'est d'ailleurs le crieur public du musée. Si tu veux connaître les dernières nouvelles, adresse-toi à lui.
'Alam Guman Gajraj est un éléphant d'Asie. Son nom signifie « Roi des éléphants, le plus arrogant sur Terre ». Pourtant, lorsqu'on a du mal à attraper un objet en hauteur, 'Alam Guman oublie qu'il est le roi et utilise sa trompe pour nous aider.
Ruby vient du Staffordshire, une région en Angleterre. Certains la trouvent un peu théâtrale, mais pour moi, elle est très courageuse. Bien qu'il lui arrive d'être triste, nous aimons beaucoup sa compagnie, surtout quand elle ronronne.

RÉSERVE

Heureusement que tu es là ! Nous avons une mission urgente ! Depuis des mois, les conservateurs organisent une exposition surprise. Jusqu'à présent, tout avait l'air de bien se passer. Les invitations ont été envoyées et le ménage a été fait partout.

Mais alors que chaque œuvre avait été emballée avec soin pour ne pas être abîmée et que les conservateurs s'apprêtaient à installer ces trésors reçus du monde entier, un problème est survenu : les caisses étaient toutes verrouillées !

Pour la sécurité des oeuvres, on ne peut ouvrir chaque caisse qu'en résolvant une énigme. Les conservateurs, eux, n'ont pas réussi à en résoudre une seule. Et le vernissage a lieu DEMAIN ! Il ne reste donc qu'une nuit avant l'exposition. Si nous n'ouvrons pas les caisses, la galerie sera vide ! Quel fiasco !

Pour résoudre les énigmes, j'ai réuni la meilleure des équipes : Ninjin, 'Alam Guman, Ruby et Filibert.

Chaque caisse s'ouvrira si nous réunissons trois symboles collectés dans le département du musée indiqué sur son étiquette. Nous comptons sur toi pour nous aider.

Tu pourras visiter les départements dans l'ordre de ton choix, mais tous devront être explorés si tu veux ouvrir les caisses et trouver ton chemin jusqu'à « l'Exposition exceptionnelle ».

Voici comment procéder :

1. Choisis un département et retiens ses coordonnées notées sur l'étiquette.

2. Tourne la page, repère-toi sur la carte et suis les instructions pour commencer la collecte des symboles.

Bonne chance, et merci de ton aide !

Prends du papier pour écrire le nom des galeries et leurs coordonnées. Note ensuite les symboles que tu collectes : ils sont tous associés à un nombre que tu trouveras à la page suivante.

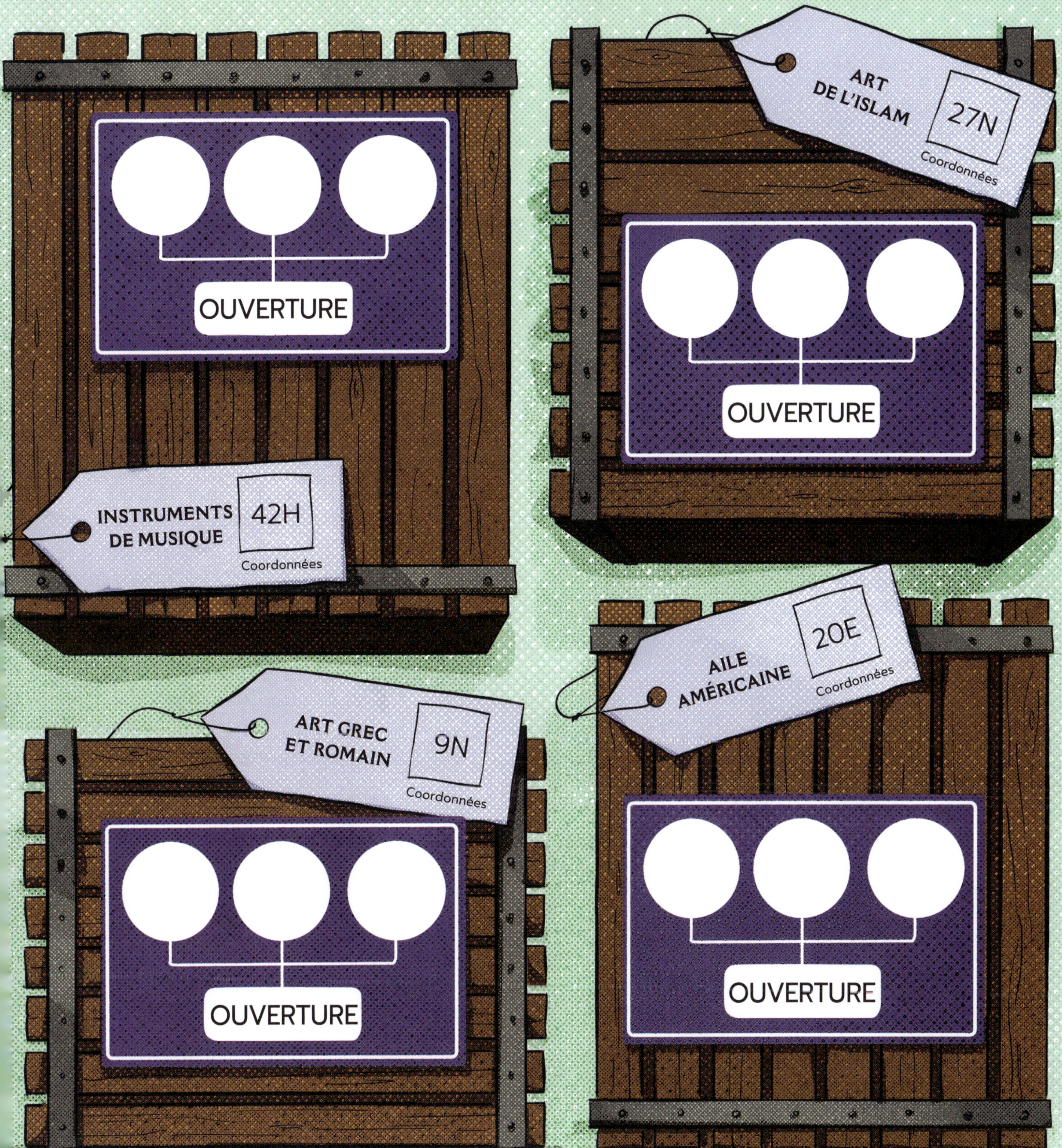

Quand toutes les caisses seront déverrouillées, va voir page 8 et suis les instructions sur l'invitation pour assister à « l'Exposition exceptionnelle ».

Attention, le musée est immense ! Pour choisir le département que tu veux visiter en premier, consulte la carte de la page 9.

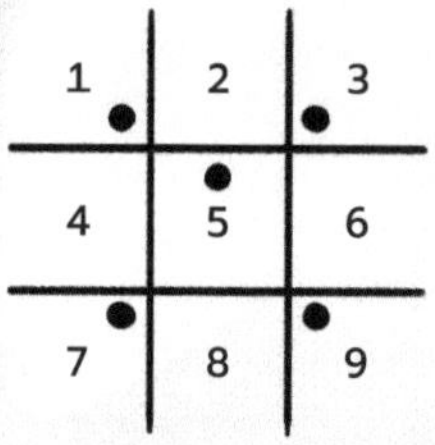

Voici comment collecter les symboles :

1. Trouve les coordonnées du département sur les caisses dans la réserve pages 6 et 7 puis regarde la carte. Ces coordonnées vont t'indiquer le numéro de page correspondant au département recherché. Suis les chiffres à l'horizontale et les lettres à la verticale pour trouver la bonne case.

2. Va sur la page indiquée. Lis bien la carte pour ne pas te perdre !

3. Dans la galerie, découvre trois objets et collecte leur symbole. Choisis un objet et va au numéro de page indiqué sur son étiquette.

4. Résous les énigmes pour collecter des symboles.

5. Quand tu as trouvé les trois symboles liés à un département, retourne dans la réserve, choisis un autre département et recommence !

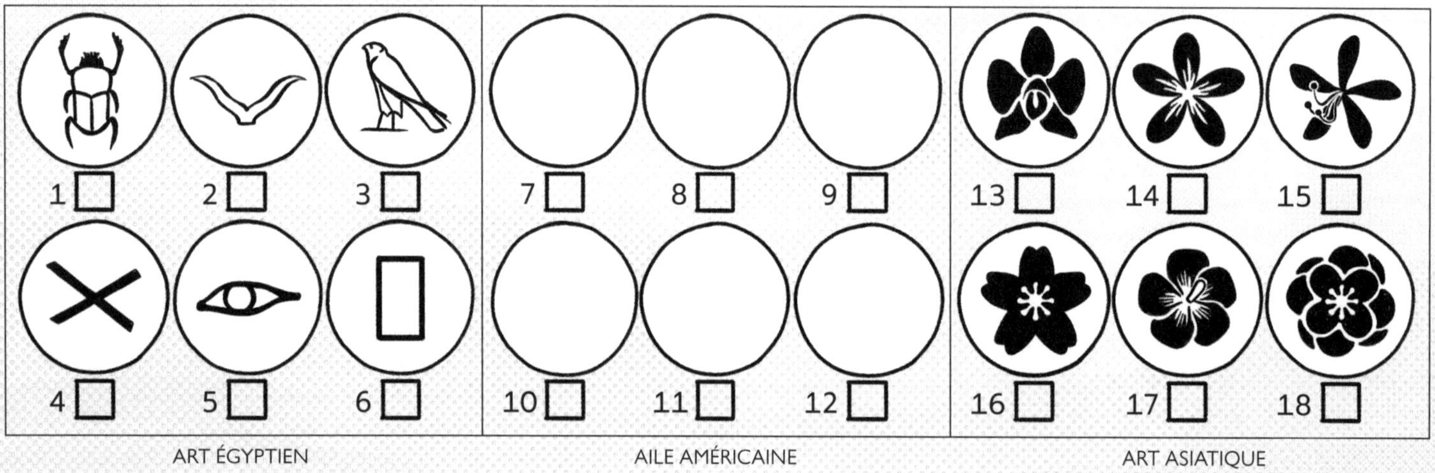

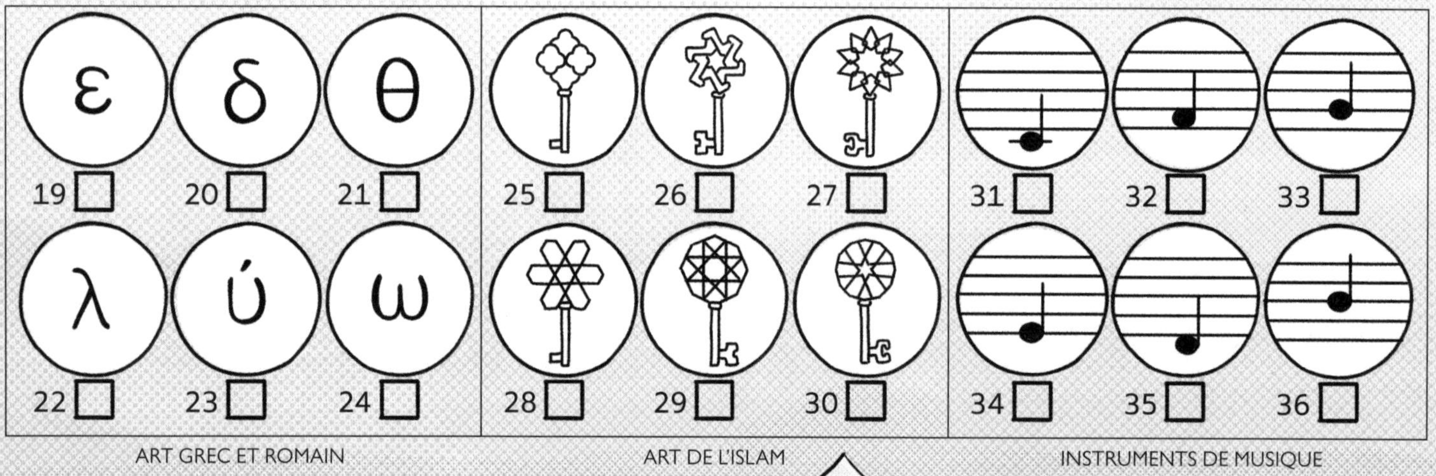

As-tu trouvé tous les symboles ? Trois par département ? Génial ! Allons vite à l'ouverture de l'exposition surprise.

- Il y a un nombre à côté de chaque symbole que tu as trouvé. Additionne les nombres des 18 symboles (tu peux utiliser une calculatrice). Associe le nombre aux coordonnées sur l'invitation.
- Trouve l'exposition surprise en te rendant à la page indiquée par les bonnes coordonnées. Allons-y !

Invitation pour l'exposition surprise

Tu es invité à l'exposition surprise du musée. À quelles coordonnées ci-dessous se trouve-t-elle ?

337	33H	437	33E	237	29F

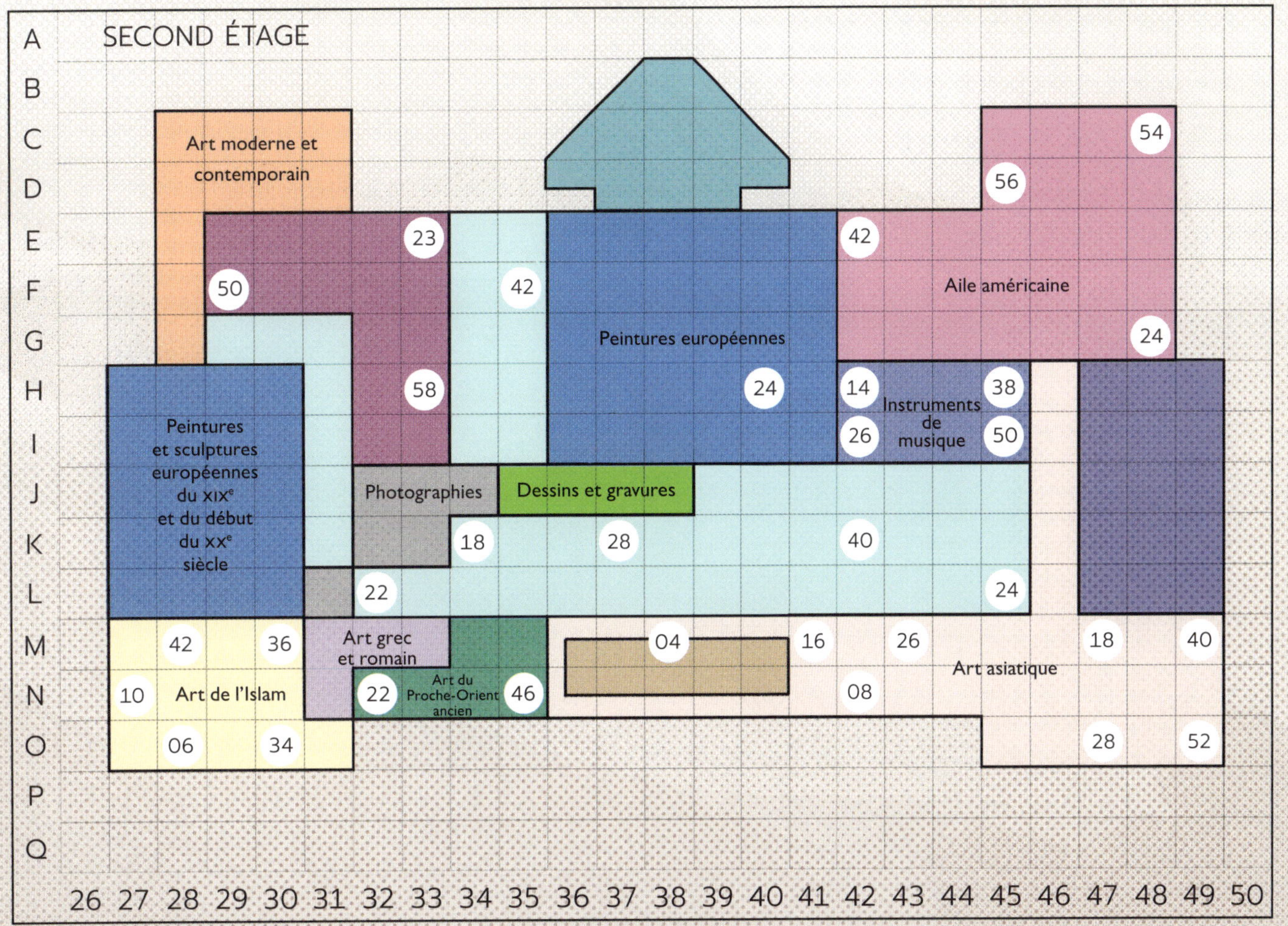
SECOND ÉTAGE
Art moderne et contemporain
Peintures et sculptures européennes du XIXᵉ et du début du XXᵉ siècle
Peintures européennes
Aile américaine
Instruments de musique
Photographies
Dessins et gravures
Art grec et romain
Art du Proche-Orient ancien
Art de l'Islam
Art asiatique
A B C D E F G H I J K L M N O P Q
26 27 28 29 30 31 32 33 34 35 36 37 38 39 40 41 42 43 44 45 46 47 48 49 50
23 50 58 42 24 54 56 42 24 14 38 26 50 18 28 40 22 24 42 36 10 06 34 22 46 04 16 26 18 40 08 28 52

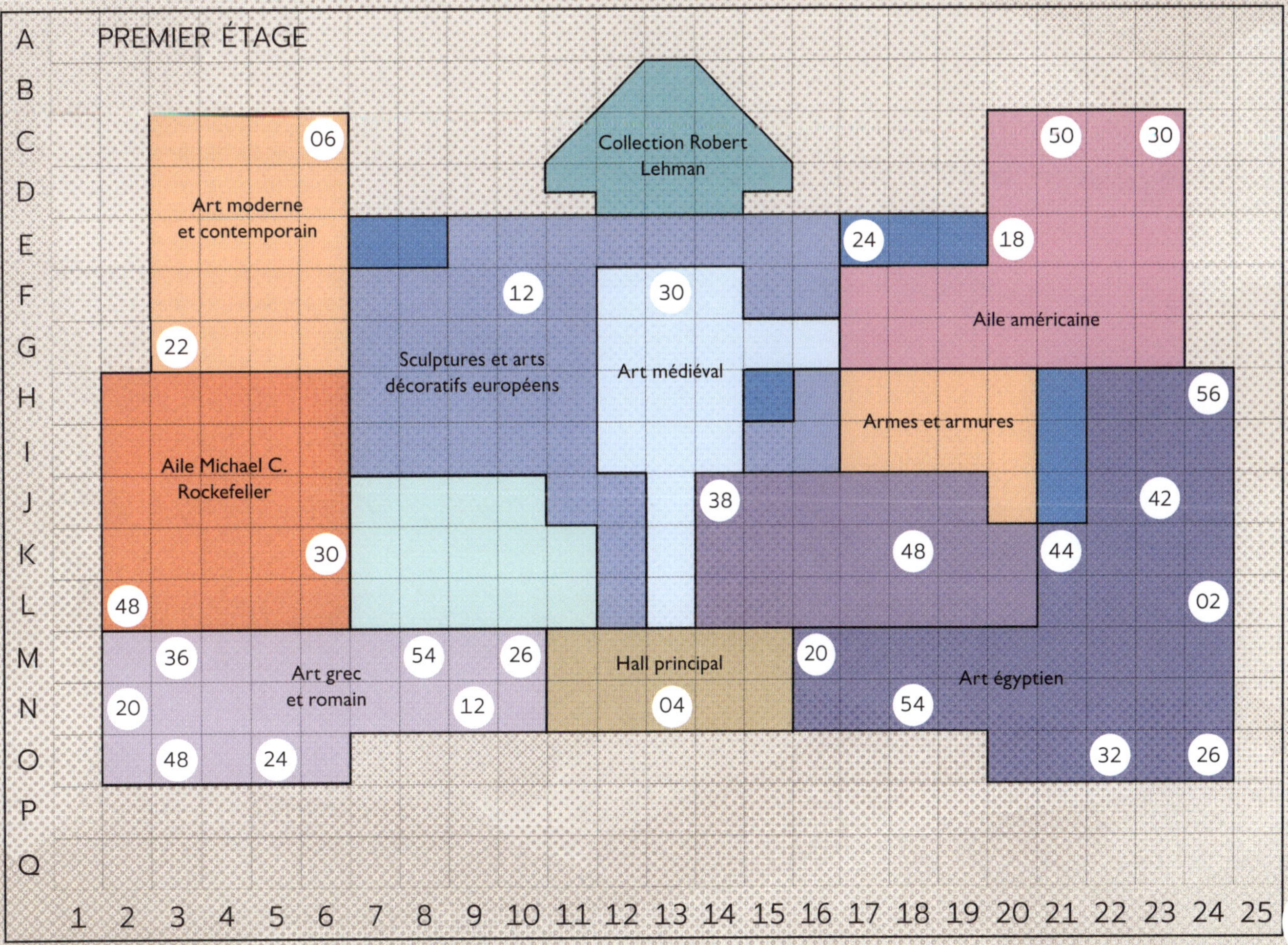
PREMIER ÉTAGE
Collection Robert Lehman
Art moderne et contemporain
Sculptures et arts décoratifs européens
Art médiéval
Aile américaine
Armes et armures
Aile Michael C. Rockefeller
Art grec et romain
Hall principal
Art égyptien
A B C D E F G H I J K L M N O P Q
1 2 3 4 5 6 7 8 9 10 11 12 13 14 15 16 17 18 19 20 21 22 23 24 25
06 22 12 30 24 18 50 30 56 42 38 48 44 02 30 48 36 54 26 20 20 54 12 04 48 24 32 26

BRÛLE-PARFUM D'AMIR SAIF AL-DUNYA WA'L DIN IBN MUHAMMAD AL-MAWARDI

DATE : 577 A.H./1181-82

PAYS D'ORIGINE : IRAN

Ce fantastique brûle-parfum en forme de félin mesure plus de 89 cm de haut ! Il est couvert de motifs et de calligraphie. Les noms de l'artiste et de la personne qui a commandé cette œuvre y sont inscrits. Pour mettre de l'encens dedans, il suffit de soulever la tête de l'animal. L'encens qui brûle dégage un parfum merveilleux !

PAGE 34

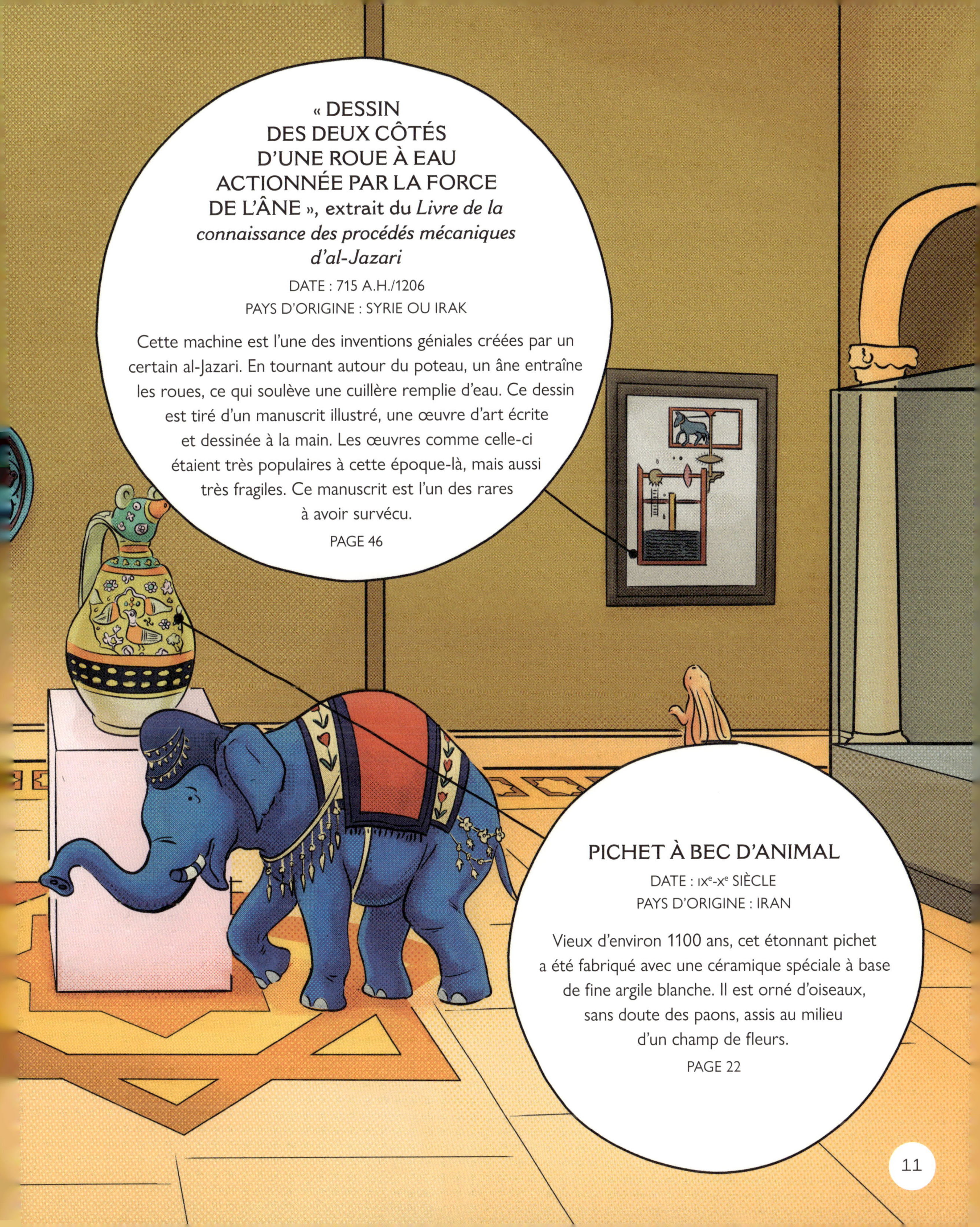

« DESSIN DES DEUX CÔTÉS D'UNE ROUE À EAU ACTIONNÉE PAR LA FORCE DE L'ÂNE », extrait du *Livre de la connaissance des procédés mécaniques d'al-Jazari*

DATE : 715 A.H./1206

PAYS D'ORIGINE : SYRIE OU IRAK

Cette machine est l'une des inventions géniales créées par un certain al-Jazari. En tournant autour du poteau, un âne entraîne les roues, ce qui soulève une cuillère remplie d'eau. Ce dessin est tiré d'un manuscrit illustré, une œuvre d'art écrite et dessinée à la main. Les œuvres comme celle-ci étaient très populaires à cette époque-là, mais aussi très fragiles. Ce manuscrit est l'un des rares à avoir survécu.

PAGE 46

PICHET À BEC D'ANIMAL

DATE : IXe-Xe SIÈCLE

PAYS D'ORIGINE : IRAN

Vieux d'environ 1100 ans, cet étonnant pichet a été fabriqué avec une céramique spéciale à base de fine argile blanche. Il est orné d'oiseaux, sans doute des paons, assis au milieu d'un champ de fleurs.

PAGE 22

Nous sommes à présent dans un endroit magnifique : la galerie d'art grec et romain. Admire toutes ces superbes colonnes !
Cette galerie regroupe des objets issus de beaucoup de cultures différentes. Celles des Romains et des Grecs anciens, bien sûr, mais aussi celles de peuples comme les Minoens, les Mycéniens et les Étrusques qui ont vécu bien avant eux. N'oublie pas, il nous faut un symbole de chaque œuvre d'art qui se trouve ici. Par où commencer ?
▷ **Choisis l'objet que tu veux découvrir et lis sa description pour savoir à quelle page aller.**
VASES ZOOMORPHES
DATE : ENTRE ENV. 1725 AV. J.-C. ET LE IIIe SIÈCLE
CULTURE : ROMAINE ET CHYPRIOTE
Ces trois drôles de vases se ressemblent, mais ils sont d'époques différentes et proviennent de lieux distincts. L'un est censé représenter un cerf ; et l'autre, une souris. Le troisième figure un animal mystérieux qui ne manque pas d'allure !
PAGE 48

STATUE DE LION EN MARBRE

DATE : ENV. 400-390 AV. J.-C.
CULTURE : GRECQUE

Ce féroce lion en marbre a été sculpté pour défendre des tombes. Il a vu le jour en Grèce, mais il a été ensuite emmené à Rome.

PAGE 36

DINOS (BOL) EN TERRE CUITE

DATE : ENV. 630-615 AV. J.-C.
CULTURE : GRECQUE

Ce beau bol vient de Corinthe. Il a été conçu pour contenir un mélange de vin et d'eau. Cette boisson était offerte pendant des fêtes qui suivaient un repas. Le haut du bol est décoré de sphinx (des créatures mythiques à tête de femme et corps de lion) et de panthères. Des lions et des chèvres sont peints sur le bas du bol.

PAGE 24

Voici ma galerie préférée, celle des instruments de musique ! Une fois par an, les instruments donnent un concert pour les hôtes du musée. L'an dernier, ils m'ont demandé de chanter un morceau en hommage aux fleurs de lotus. Quel succès !
Ils m'ont dit qu'ils n'avaient jamais rien entendu de pareil. J'ai proposé de continuer à chanter, mais ils se sont souvenus qu'ils étaient occupés et sont partis. Tant pis, ce sera pour l'an prochain. Certains instruments peuvent nous aider dans notre quête.
▷ Choisis l'objet que tu veux découvrir et lis sa description pour savoir à quelle page aller.
VIÈLE TAUS (OU MAYURI)
DATE : XIXe SIÈCLE
CULTURE : INDIENNE
Ce luth est un instrument à cordes en forme de paon, décoré avec de vraies plumes ! Autrefois, en Inde, il servait à accompagner des chants religieux. Dans ce pays, le paon est associé à la déesse de la musique, Sarasvati.
PAGE 26

ODAÏKO

DATE : ENV. 1873
CULTURE : JAPONAISE

L'odaïko est un tambour dont on jouait dans les temples japonais, lors de fêtes et de représentations théâtrales. Celui-ci a aussi été un symbole de paix. Il a été placé à la porte d'un village et ne devait résonner qu'en cas d'attaque. Après des années de paix entre les villages, ce tambour a fini par servir d'abri à des poules et des coqs !

PAGE 38

SIFFLET DOUBLE

DATE : VIIe-IXe SIÈCLE
CULTURE : MAYA

Les Mayas vivaient à l'emplacement actuel du Mexique et de l'Amérique centrale. Ce sifflet en forme d'oiseau, fabriqué en poterie, a deux chambres. Pour obtenir deux sons différents, on souffle dans la queue ou dans l'embouchure sur sa tête. En bouchant le petit trou à l'avant, on peut changer le son de la chambre inférieure.

PAGE 50

Ce département d'art asiatique est absolument unique au monde. Sa collection contient des objets qui concentrent 5 000 ans de civilisation pour une moitié de la population mondiale. Imagine toutes les histoires qu'ils ont à nous raconter ! Voyons ce que nous pouvons trouver en explorant les galeries.
▷ **Choisis l'objet que tu veux découvrir et lis sa description pour savoir à quelle page aller.**
BOÎTE DÉCORÉE DE SYMBOLES FAVORABLES
DATE : XIXe SIÈCLE
CULTURE : CORÉENNE
Cette boîte en bois est décorée de fines couches de corne de bœuf et peinte dans des couleurs vives. Les animaux dessinés ici symbolisent la chance et la protection par exemple.
PAGE 52

VASE AVEC ANIMAUX AILÉS DANS DES VAGUES

DATE : MILIEU DU xve SIÈCLE
CULTURE : CHINOISE

Il est peu commun de voir un cheval, un éléphant, une mangouste, un poisson, un lapin et deux biches au même endroit. Et avec des ailes, c'est encore plus rare ! Ce vase extraordinaire s'inspirerait des voyages en mer de la flotte chinoise.

PAGE 40

LAPIN

DATE : MILIEU DU xixe SIÈCLE
CULTURE : JAPONAISE

Cet adorable lapin est un netsuke, c'est-à-dire un petit ornement sculpté servant de bouton sur les tenues traditionnelles japonaises. Le folklore japonais raconte qu'un lapin a aidé l'homme de la lune et a été récompensé en pouvant aller vivre là-haut. Le lapin passe son temps à faire des mochis, des friandises japonaises à base de riz.

PAGE 28

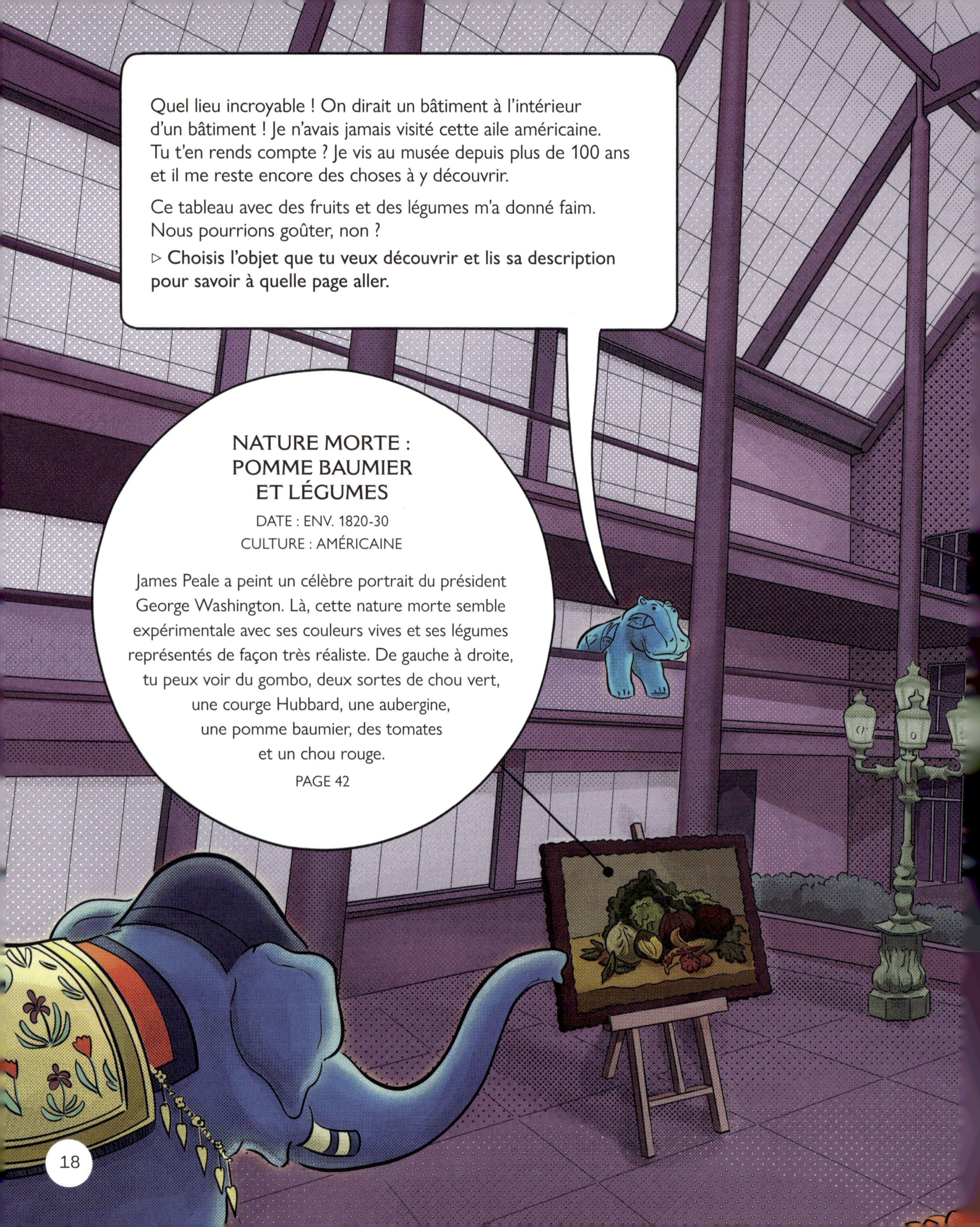
Quel lieu incroyable ! On dirait un bâtiment à l'intérieur d'un bâtiment ! Je n'avais jamais visité cette aile américaine. Tu t'en rends compte ? Je vis au musée depuis plus de 100 ans et il me reste encore des choses à y découvrir.
Ce tableau avec des fruits et des légumes m'a donné faim. Nous pourrions goûter, non ?
▷ **Choisis l'objet que tu veux découvrir et lis sa description pour savoir à quelle page aller.**
NATURE MORTE : POMME BAUMIER ET LÉGUMES
DATE : ENV. 1820-30
CULTURE : AMÉRICAINE
James Peale a peint un célèbre portrait du président George Washington. Là, cette nature morte semble expérimentale avec ses couleurs vives et ses légumes représentés de façon très réaliste. De gauche à droite, tu peux voir du gombo, deux sortes de chou vert, une courge Hubbard, une aubergine, une pomme baumier, des tomates et un chou rouge.
PAGE 42

JARRE DE STOCKAGE SOCORRO NOIR ET BLANC

DATE : ENV. 1050-1100
CULTURE : PUEBLOS, AMÉRINDIENNE

Cette ancienne jarre servant à contenir de l'eau a été fabriquée par les Pueblos, un peuple du sud-ouest des États-Unis. Dans cette zone très aride, l'eau est une ressource précieuse ; du coup, les décorations noires et blanches représentent sans doute l'eau qui circule sous la terre et qui tombe du ciel.

PAGE 54

FIGURINE DE LION

DATE : 1845-55
CULTURE : AMÉRICAINE

Ce drôle de lion en argile a été sculpté par John Bell. Les Bell étaient une famille de potiers connus qui ont fabriqué des centaines d'objets, comme des pots de fleurs, des pichets et des marmites. Ce lion devait être une œuvre à part, car la famille l'a gardé au lieu de le vendre.

PAGE 30

LIVRE DES MORTS DE NAUNY

DATE : ENV. 1050 AV. J.-C.
CULTURE : ÉGYPTIENNE

Les livres des morts, ces manuscrits enterrés avec les anciens pharaons égyptiens, contenaient des formules et des prières pour aider les morts à renaître. Celui-ci a été créé pour Nauny, la fille d'un roi qui a vécu jusqu'à plus de 70 ans. Une fois déroulé, ce papyrus mesure plus de 5 mètres de long ! Sur ce rouleau, on voit Nauny jugée par Osiris, le dieu des morts, qui décide, avec d'autres dieux, de lui accorder la vie éternelle. Les plateaux de la balance en équilibre montrent qu'elle a été droite et méritante.

PAGE 56

FIGURINE DE BABOUIN

DATE : ENV. 600 AV. J.-C.
CULTURE : ÉGYPTIENNE

Les Égyptiens associaient souvent des animaux à des dieux. Toth, dieu de l'écriture, du calcul et du savoir, était représenté par un ibis (un oiseau à longues pattes) ou un babouin. Comme moi, ce babouin est en faïence, c'est-à-dire qu'il a été fabriqué en céramique décorée d'un vernis opaque de couleur.

PAGE 44

LE TEMPLE DE DENDOUR

DATE DE FIN DE CONSTRUCTION : 10 AV. J.-C.
CULTURE : ÉGYPTIENNE

Le temple de Dendour a été construit quand les Romains dirigeaient l'Égypte. Il honore la déesse Isis et les deux fils d'un seigneur local.
Il est couvert de bas-reliefs montrant des dieux, des hiéroglyphes, la nature et l'empereur romain Auguste qui pose en pharaon. L'Égypte a offert le temple aux États-Unis et il a fallu 600 caisses pour le transporter !

PAGE 32

Je suis content de vous voir ! Ce matin, un groupe d'écoliers est passé en courant et a fait peur aux paons. J'ai réussi à les calmer, mais les voilà tous mélangés. Chaque paon forme une paire avec un autre paon coiffé d'une couronne identique. Tous, sauf un.
▹ Peux-tu m'aider à reformer les paires de paons ? L'intrus détient le symbole dont tu as besoin.

Il n'y a rien de plus difficile qu'une énigme avec des paons ! Mais nous allons t'aider. Voyons… Lui et lui, lui et lui, lui et… Ne bougez plus, sinon nous allons y passer des heures. Ruby, arrête de jouer et aide-nous à rassembler ces paons qui se ressemblent tous !

Aidez-nous ! Aidez-nous !
D'accord. Pouvez-vous nous aider à résoudre un problème ? Notre vase, dont nous sommes d'ailleurs très fiers, est couvert de motifs colorés. Mais quelqu'un d'un peu trop enthousiaste en a fait tomber plusieurs. Ces motifs se répètent dans un ordre logique, mais nous sommes un peu perdus.
▹ **Observe l'ensemble et cherche, parmi les motifs indiqués en bas de la page 25, ceux qui vont dans les cases vides. Quand tu sauras quel motif doit compléter la case bleue, collecte le symbole correspondant grâce au tableau.**

Ravi de te rencontrer ! Mes amis et moi faisons le maximum pour que l'exposition surprise soit prête à ouvrir demain.
Allez, au travail, les copains ! Il nous suffit d'observer les motifs qui sont encore en place. Si nous comprenons l'ordre dans lequel ils se suivent, nous pourrons retrouver les motifs manquants.
θ
ω
λ
ύ

AIR MYSTÈRE
Brille, brille, petite étoile
x2 x0 x3
x2 x2 x2 x3
Le vieux MacDonald a une ferme
x2 x2 x0
x2 x2 x0 x4
Rame, rame, rame dans ton bateau
x0 x0 x3
x2 x3 x1 x1
Yankee Doodle
x3 x3 x0
x1 x0 x1 x6
GAMME
Notation occidentale C D E F G A B C
Sons occidentaux do re mi fa sol la ti do
Svaras indiens S R G M P D N S
Animal

Je n'arrive pas à chanter ce morceau. Quelqu'un sait-il lire la musique ?
Nous te donnons un coup de main, mais en échange peux-tu nous aider à trouver le symbole qu'il nous faut ?
D'accord, si vous découvrez l'air mystérieux ! Selon la notation indienne, chaque son ou svara est associé à un animal faisant un bruit similaire. L'air mystérieux est écrit en notation occidentale. Il faut transcrire ces notes en svaras et découvrir de quelle chanson il s'agit ?
▷ 1. Regarde la gamme et transcris les notes occidentales de l'air mystérieux en symboles d'animaux.
▷ 2. Compte le nombre de symboles d'animaux dans cet air.
▷ 3. Parmi les quatre choix, découvre le titre de l'air mystérieux.

Bonjour William ! Bonjour Ninjin ! C'est une joie de vous revoir. Certains netsuke m'ont dit que vous étiez en mission.
C'est passionnant ! J'ai toujours rêvé de partir en mission. Vous pouvez peut-être m'aider ? C'est la pleine lune ce soir et je suis triste de ne pas la voir.
Bonjour Lapin ! Oui, c'est vrai, nous sommes en mission spéciale, mais nous allons t'aider. Que faut-il faire ?
Les phases de la lune sont dans le désordre. Il faut tracer une route entre la lune décroissante et la pleine lune en ne déplaçant que quatre lunes.
▹ 1. Ta route doit passer par les phases de la lune dans le bon ordre.
▹ 2. Pour créer ta route, déplace quatre lunes d'une case. Comme j'en ai bougé une, il ne t'en reste que trois à déplacer.
▹ 3. Pour avancer, tu peux aller vers le haut, le bas, la gauche ou la droite à partir de ton point de départ.
▹ 4. Il y a trois pleines lunes, mais une seule correspond à la bonne route.
▹ 5. Collecte le symbole de cette lune-là.

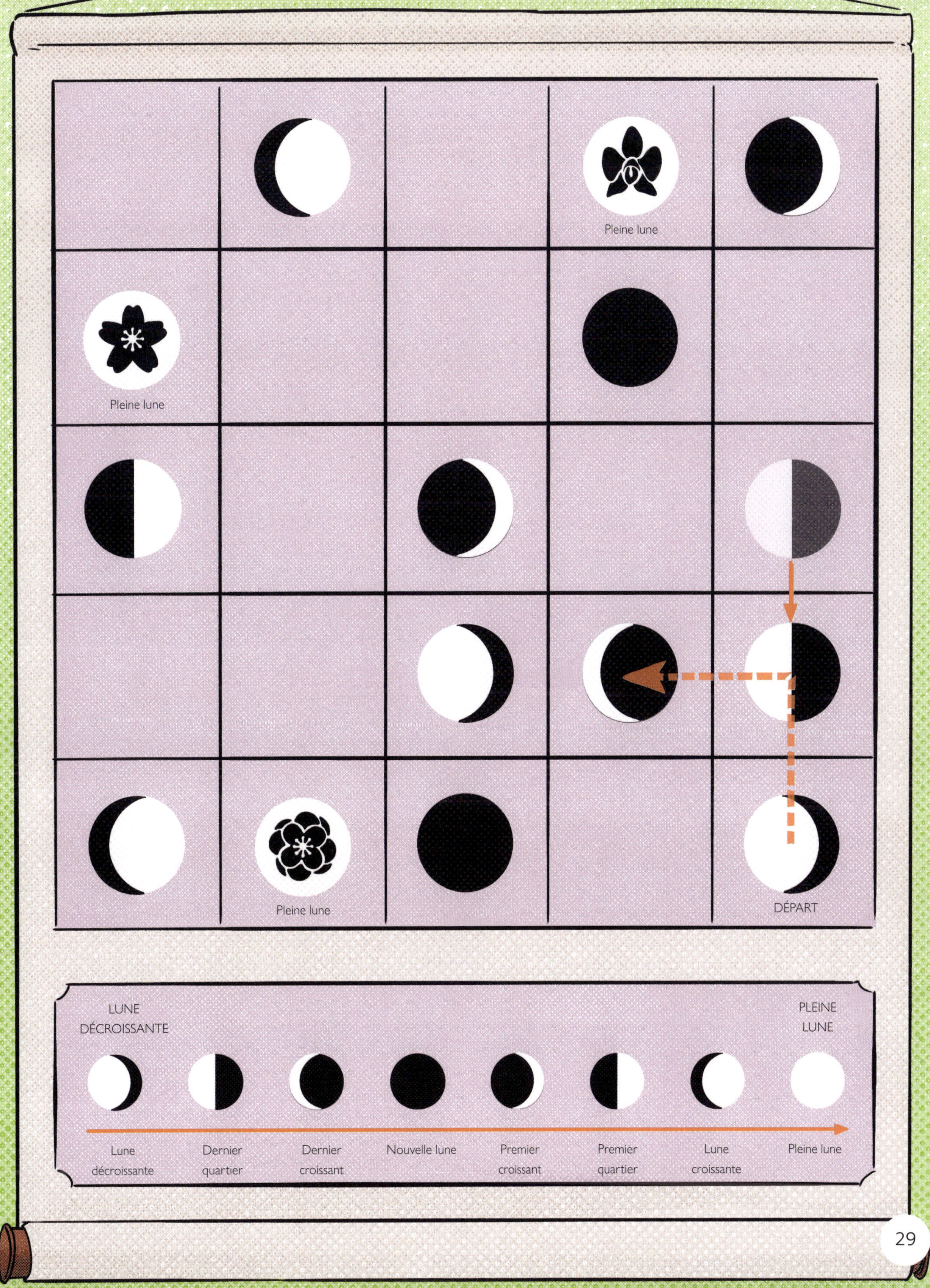
Pleine lune
Pleine lune
Pleine lune
DÉPART
LUNE
DÉCROISSANTE
PLEINE
LUNE
Lune
décroissante
Dernier
quartier
Dernier
croissant
Nouvelle lune
Premier
croissant
Premier
quartier
Lune
croissante
Pleine lune

Je ne sais plus où donner de la tête !
Peux-tu nous aider, car nous sommes en mission pour permettre à l'exposition surprise d'ouvrir demain ?
J'aurais bien besoin d'un gros coup de patte moi-même ! Les animaux de l'aile américaine se sont disputés et maintenant je dois déterminer où chacun d'eux peut s'asseoir. C'est un vrai casse-tête !
Si nous t'aidons, tu nous donneras le symbole dont nous avons besoin ?
Je pense que c'est impossible, mais ça ne coûte rien d'essayer.
▷ La biche est assise à la bonne place et va te dire où les animaux peuvent s'asseoir ou pas. Grâce à ces informations, tu sauras où les placer. « À côté » peut signifier en haut, en bas, à gauche ou à droite.
▷ Quand tous les animaux seront assis, compare ton plan avec les trois en bas de la page 31. Collecte le symbole correspondant au bon plan.

Je dois m'asseoir à côté du chien.
Le chat ne doit pas s'asseoir à côté du buffle.
Le chien doit s'asseoir à côté de l'ours.
Le cheval ne doit pas s'asseoir à côté du chat.
Le cheval doit s'asseoir à côté du chien.
Pour t'aider, dessine le bon plan dans ton carnet ou sur une feuille de papier.
O
R
A

Ruby ! Regarde ! Voici le temple de Dendour. Tu savais que les temples égyptiens étaient bâtis comme des maisons pour les dieux ?
Il n'y a personne pour l'instant, mais on dirait qu'un conservateur a laissé un message.

William ! Désolé de t'avoir raté, j'ai dû filer. Je sais que tu es pressé, mais si tu m'aides, je te donnerai quelque chose dont tu as besoin.
Ce temple est couvert de gravures et il vous faut compter les ankhs : ces symboles de vie, souvent portés par les dieux, qui étaient utilisés pour écrire en hiéroglyphes.
Ce dessin ci-dessous va vous aider à les identifier.

▹ **Quand tu sauras combien il y a d'ankhs ici, collecte le symbole qui correspond au bon total.**

Ankh

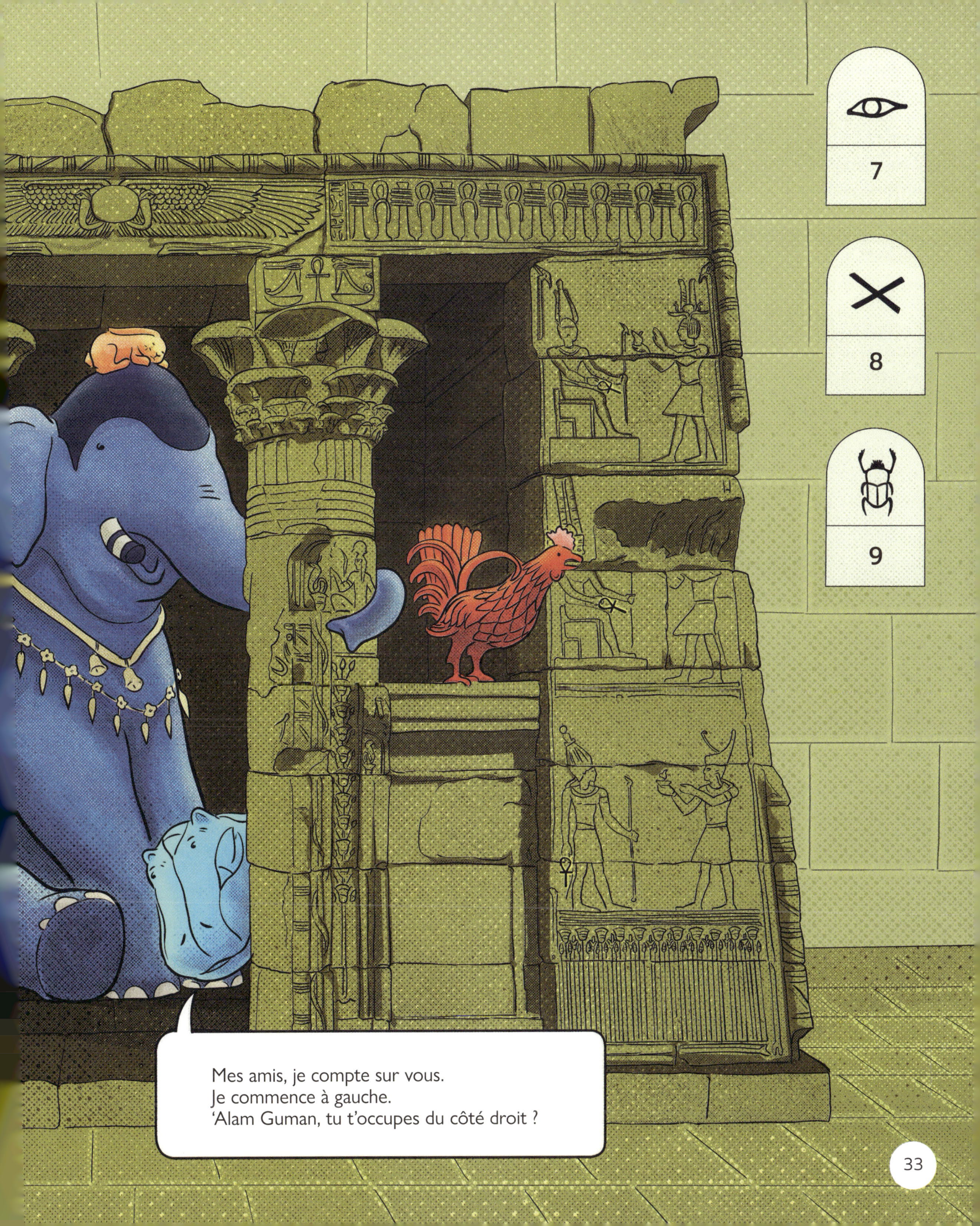
7
8
9
Mes amis, je compte sur vous.
Je commence à gauche.
'Alam Guman, tu t'occupes du côté droit ?

William, les amis, savez-vous que dans la galerie des arts de l'Islam les conservateurs ont trouvé cinq amulettes poissons dans le bec de la cigogne ? Il paraît que vous avez besoin d'aide. Entraidons-nous si vous voulez. Pouvez-vous m'aider à assembler ces carreaux ?
La boîte est tombée et ils sont éparpillés sur le sol.
▹ **Peux-tu nous aider à trouver les bons carreaux pour compléter le motif ? Tu devras peut-être les tourner. Quand tu auras le bon ensemble de carreaux, collecte le symbole correspondant.**
Cinq amulettes poissons ? Quelle gourmande, cette cigogne !
Nous allons t'aider avec ces carreaux. 'Alam Guman est très doué pour les puzzles. Voyons un peu…

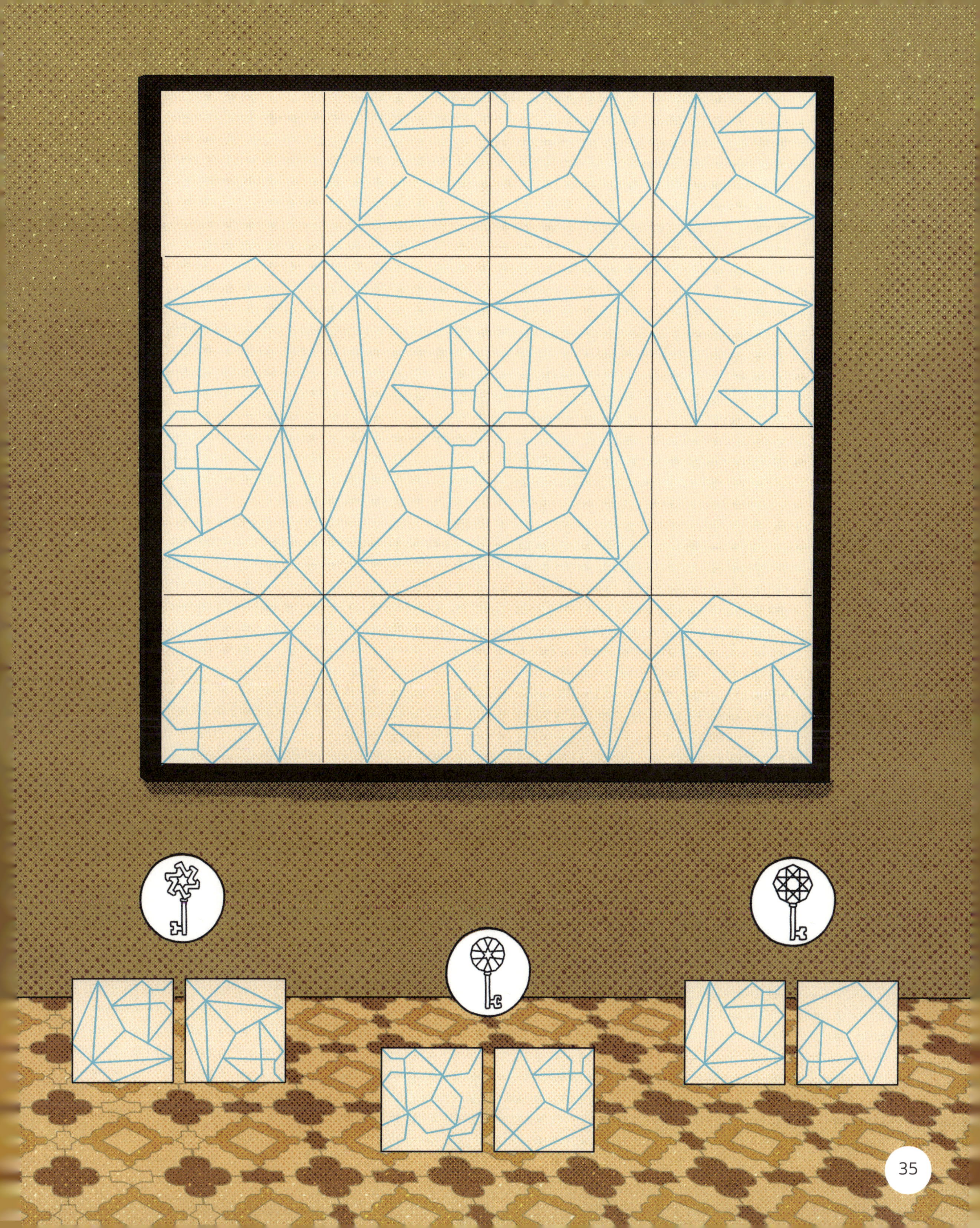

Au secours, me voilà coincé ! J'ai cru voir une pelote de ficelle et comme j'adore jouer avec de la ficelle, je me suis laissé piéger dans ce labyrinthe. Pouvez-vous m'aider ? J'ai peur que le Minotaure arrive.

Il me fait peur avec son corps d'homme et sa tête de taureau. Je l'ai croisé un jour dans un labyrinthe quand je vivais en Grèce et je n'ai pas envie de le revoir.

▷ **Si tu me guides hors de ce dédale, tu trouveras le symbole dont tu as besoin à la sortie.**

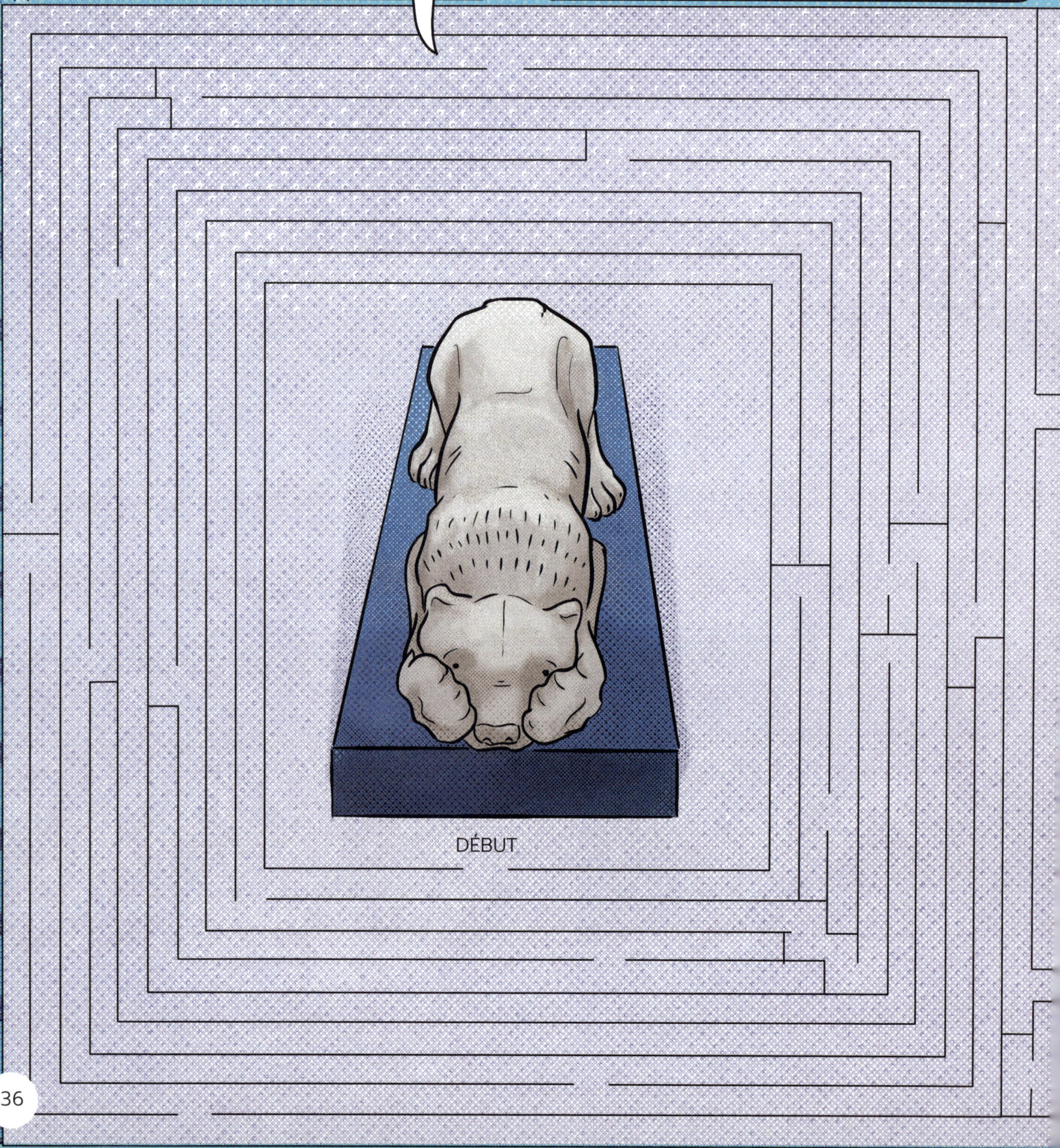

Nous allons te sortir de là ! Filibert, survole ce dédale pour repérer la sortie.
Les amis, aidons l'ours à trouver la sortie !
Ú
θ
δ

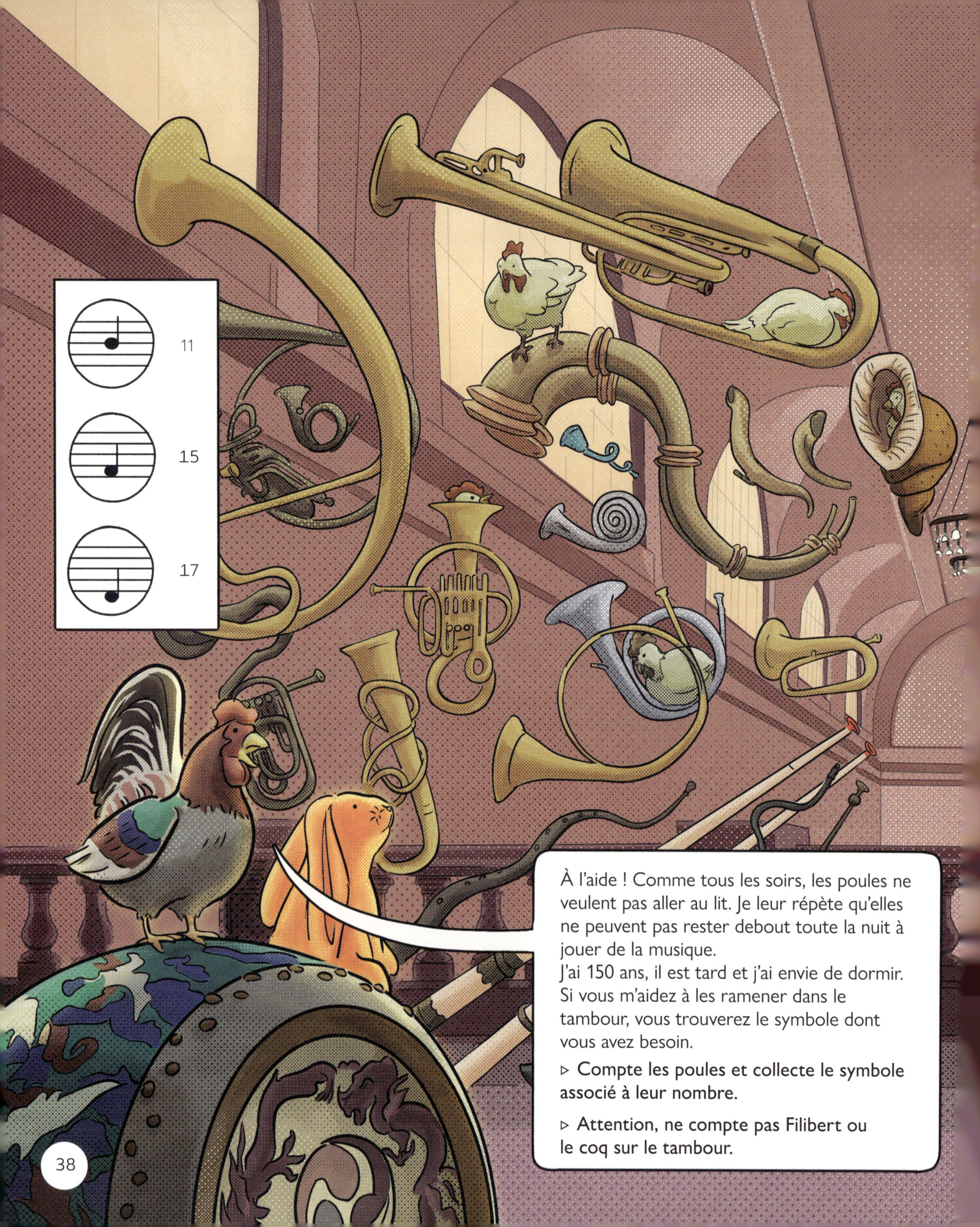
11
15
17
À l'aide ! Comme tous les soirs, les poules ne veulent pas aller au lit. Je leur répète qu'elles ne peuvent pas rester debout toute la nuit à jouer de la musique.
J'ai 150 ans, il est tard et j'ai envie de dormir. Si vous m'aidez à les ramener dans le tambour, vous trouverez le symbole dont vous avez besoin.
▹ **Compte les poules et collecte le symbole associé à leur nombre.**
▹ **Attention, ne compte pas Filibert ou le coq sur le tambour.**

C'est une mission pour toi, Ruby ! Allons rentrer ces poules ! Mais n'en mangeons pas une seule, sinon nous n'aurons pas le bon symbole.

Poussez-vous, poussez-vous de là !
Oh ! Que se passe-t-il ?
Nous faisons la course pour savoir qui est le plus rapide.
▹ **Suis les lignes pour voir qui va gagner, puis demande au vainqueur le symbole qu'il te faut.**
À vos marques ! Prêts ? Partez !

Cher William,

Nous avons perdu la balance du département. Peux-tu nous aider à trouver combien pèse le chou rouge ?

– Les gombos pèsent 500 g.

– Le chou frisé bleu-vert pèse deux fois le poids des gombos.

– Le chou de Savoie pèse 1/4 du poids du chou frisé.

– La courge Hubbard est trois fois plus lourde que le chou de Savoie.

– L'aubergine pèse 250 g de moins que la courge Hubbard.

– La pomme baumier pèse 10 % du poids de l'aubergine.

– Les tomates pèsent 100 g de plus que la pomme baumier.

– Le chou rouge pèse 400 g de plus que les tomates.

▹ Quand tu auras aidé William à trouver le poids du chou rouge grâce aux renseignements ci-dessus, collecte le symbole correspondant au bon résultat. Tu peux utiliser une calculatrice et une feuille de papier pour t'aider.

T	U	R
450 g	550 g	650 g

Tiens, un message !
Je crois que nous devons trouver le poids de ces légumes. Si nous avons celui du premier, nous pourrons calculer les autres.

Bonjour William ! Tu vas bien ? Quel plaisir de recevoir la visite d'un autre Égyptien ! Comme je sais que tes amis et toi êtes en mission et que vous cherchez un symbole, je vais essayer de vous aider !
DÉPART
ROUE CHIFFRÉE
1 3 6 2 7 5 8 4

J'ai inventé un jeu basé sur le senet, populaire dans l'Égypte antique. Si tu m'aides à le tester, je t'indiquerai le hiéroglyphe qu'il te faut.

Voici les règles :

- Déplace-toi de la case « départ » vers celle de l'« arrivée » en suivant les flèches sur le plateau.
- Pour progresser, ferme les yeux et pose ton doigt ou la gomme au bout de ton crayon sur la roue chiffrée. Avance du nombre de cases que t'indique celle-ci.
- Si tu arrives sur une « bonne » case, , avance de deux cases. Si tu tombes sur une case « eau », , recule de deux cases.
- Quand tu atteindras la case « arrivée », tiens cette double page à l'envers pour trouver ton symbole. Ne triche pas !

Mince ! L'âne s'est détaché et plusieurs engrenages de la roue à eau sont tombés. Je dois vite la remettre en marche. Pouvez-vous m'aider à la réparer ? Sachant que les engrenages BLEUS tournent à gauche et que les ROUGES tournent à droite, placez un engrenage de la bonne couleur au bon endroit pour pouvoir extraire à nouveau l'eau du puits.
Ce n'est pas facile. Peux-tu nous donner plus d'explications ?
Les engrenages BLEUS tournent à gauche ou dans le sens inverse des aiguilles d'une montre. Les ROUGES tournent à droite ou dans le sens des aiguilles d'une montre.
Si tu mets un engrenage BLEU dans la roue à eau, il va tourner à gauche et le suivant tournera à droite.
Les engrenages ROUGES et les engrenages BLEUS s'alternent d'un bout à l'autre du mécanisme. Pour puiser l'eau, le dernier engrenage doit tourner à droite. Parmi ces trois ensembles d'engrenages proposés en bas de la page 47, un seul peut servir à réparer la machine.
▹ **Lis bien ces informations et quand tu sauras quel ensemble d'engrenages est le bon, collecte son symbole.**

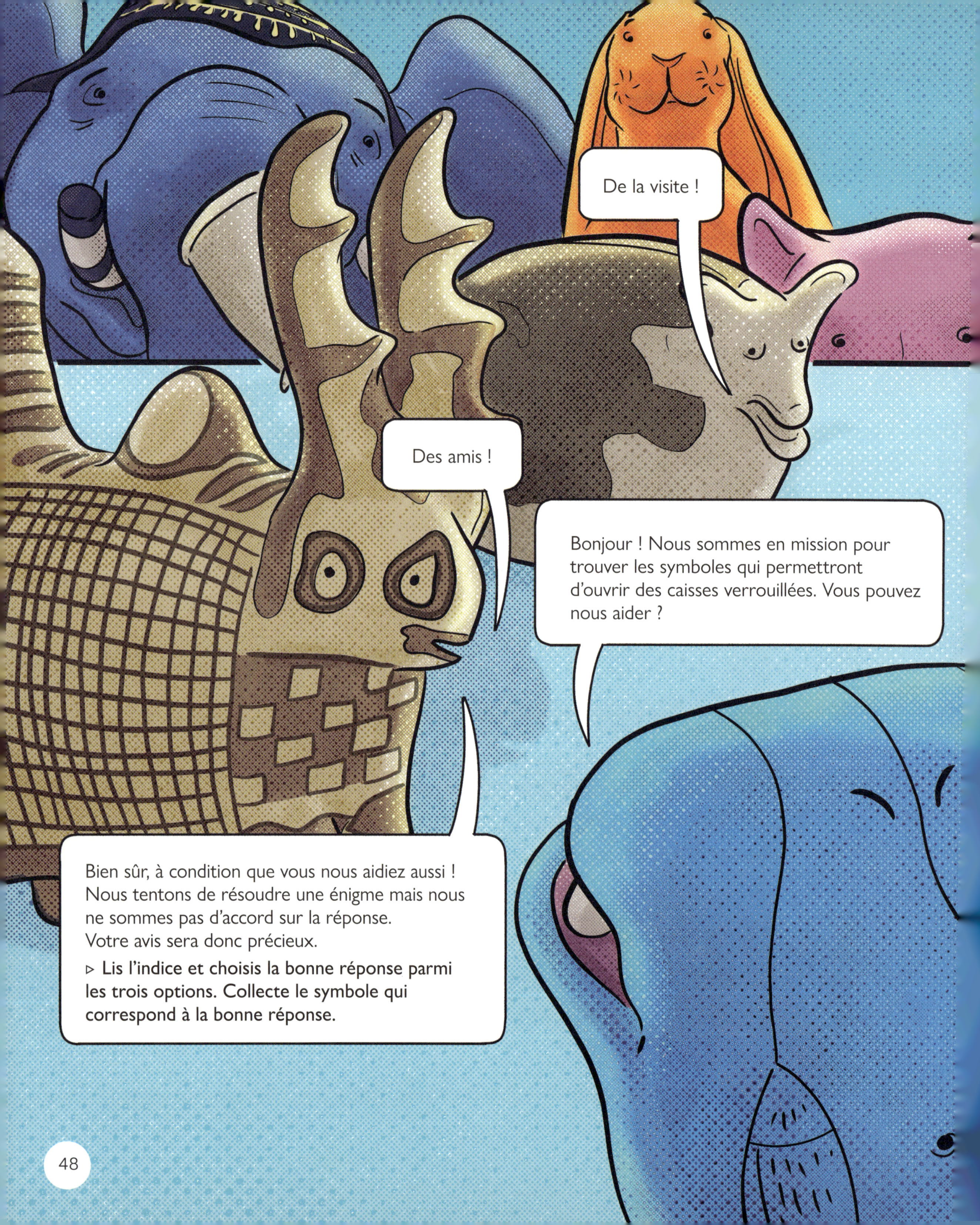
De la visite !
Des amis !
Bonjour ! Nous sommes en mission pour trouver les symboles qui permettront d'ouvrir des caisses verrouillées. Vous pouvez nous aider ?
Bien sûr, à condition que vous nous aidiez aussi ! Nous tentons de résoudre une énigme mais nous ne sommes pas d'accord sur la réponse. Votre avis sera donc précieux.
▷ Lis l'indice et choisis la bonne réponse parmi les trois options. Collecte le symbole qui correspond à la bonne réponse.

Bonjour !
JE N'AI PAS DE BOUCHE, MAIS SI TU ME SOURIS, JE SOURIS EN RETOUR. QUI SUIS-JE ?
δ
θ
ω
TALP
NOSIAM
RIORIM

Tuuut tuut tuuuuuuuut tuut tuut tuut.
DÉPART

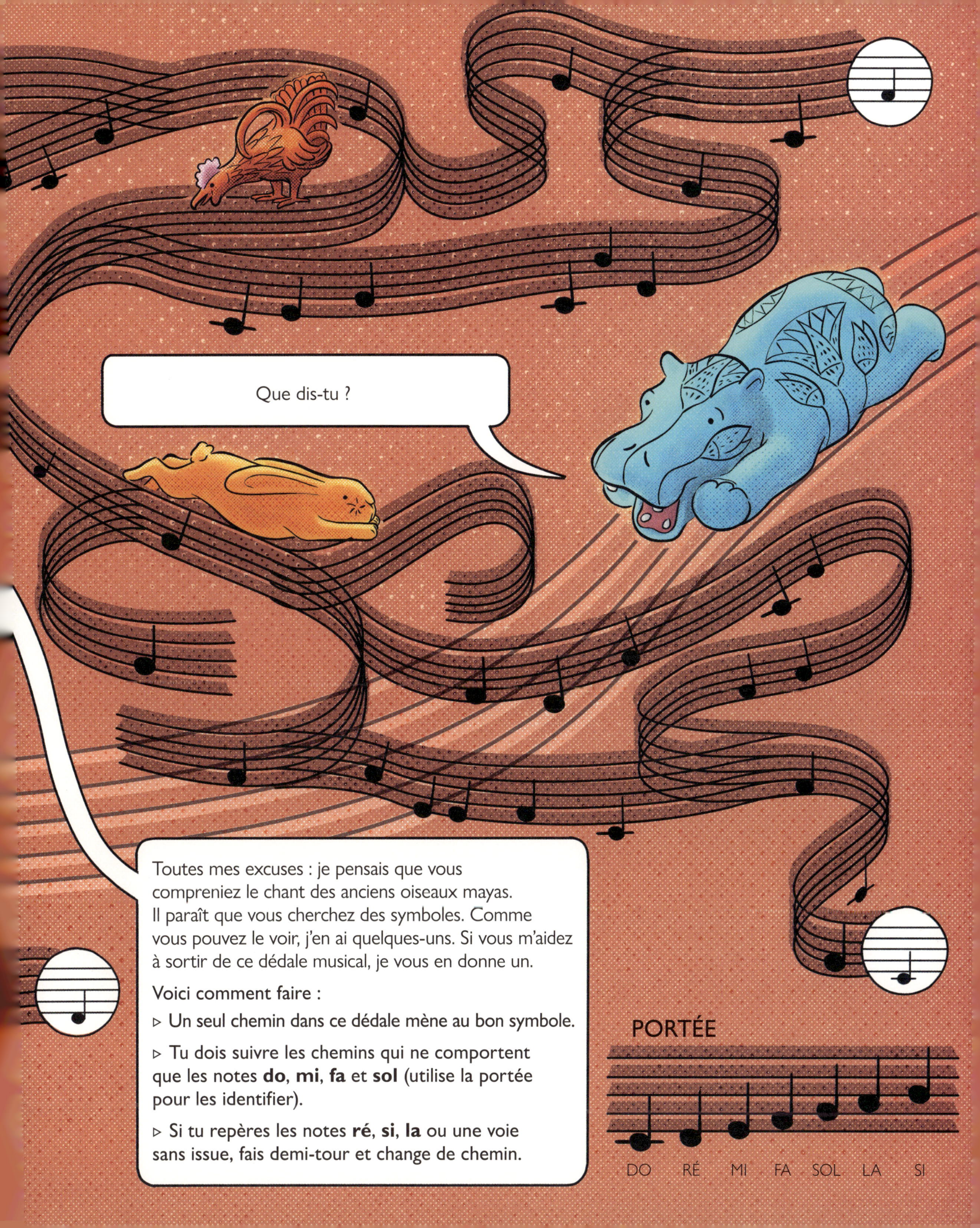

Voici comment faire :

▷ Un seul chemin dans ce dédale mène au bon symbole.

▷ Tu dois suivre les chemins qui ne comportent que les notes **do**, **mi**, **fa** et **sol** (utilise la portée pour les identifier).

▷ Si tu repères les notes **ré**, **si**, **la** ou une voie sans issue, fais demi-tour et change de chemin.

Les amis, essayez de rester en place un instant ! Les tigres, arrêtez de tourner en rond, vos rayures me donnent le tournis. Et je ne vois rien quand les grues battent des ailes !
Être un dragon, c'est épuisant ! J'essaie de discipliner ce petit groupe, mais personne n'est à sa place. Une biche a fait peur à un tigre, qui a effrayé une grue, et à présent c'est le chaos. Les animaux doivent aller par paires, mais aucun d'eux ne retrouve son partenaire. Si vous m'aidez à rétablir un peu d'ordre, je vous donnerai un coup de main.

Quel casse-tête ! Mettons les animaux par paires en utilisant cette grille.
▹ Relie les animaux par paires en te déplaçant sur les cases en ligne droite. Choisis le chemin le plus court entre eux. N'avance pas en diagonale et ne passe pas par-dessus un animal.
▹ Quand tu auras formé toutes les paires, collecte le symbole à côté de l'animal qui a le plus long chemin à parcourir pour retrouver son partenaire.

Vous avez vu ? Encore un labyrinthe.
Ces dessins ressemblent à des tunnels.
▷ Suis les traits blancs et tout ira bien. Ne traverse pas les zones foncées. On voit des symboles à la fin. Si tu trouves la sortie, collecte le symbole qui se trouve à côté. En avant !

A
K
T

Voici le *Livre des morts*. Le dieu Osiris est assis sur un siège et Anubis, le dieu à tête de chacal, est près d'une balance. Toth est le dieu de la sagesse et de l'écriture. Il est accroupi en haut de la balance et représenté en babouin. Il note les résultats qu'obtiennent les morts au cours de leur jugement. Pour que Nauny obtienne la vie éternelle, son cœur, placé dans une urne, doit mettre la balance en équilibre. Sur l'autre plateau se trouve Maat, la déesse de la vérité et la justice. Sur la balance, le côté de la vérité et de la justice est plein, mais l'urne avec le cœur de Nauny est cassée et éparpillée en morceaux. Nous devons réunir les morceaux pour mettre la balance en équilibre et envoyer Nauny vers la vie éternelle.

▷ **Rassemble les morceaux de l'urne et découvre la forme qui la décore. Collecte le symbole sous la bonne urne. Sers-toi de la forme des cassures de l'urne pour recoller les morceaux. Sur une feuille de papier, trace le contour de l'urne et ajoute les morceaux au fur et à mesure.**

Bravo ! Tu as réussi ! Juste à temps ! Nous avons donné les solutions des énigmes aux conservateurs et l'exposition nous attend derrière cette porte.

Mince, la porte est fermée. Après tous ces efforts, une porte verrouillée ne va pas nous arrêter ! Une dernière énigme et nous pourrons assister à l'inauguration. Tiens, les symboles sur la porte semblent familiers. Où avons-nous bien pu les voir ? Allons consulter la carte, elle contient beaucoup d'informations. Il faut sans doute transcrire les symboles en chiffres et les taper sur le clavier pour ouvrir la porte. Dès qu'elle sera ouverte, tourne la page !

✏ Sur une feuille de papier, note la bonne série de chiffres.

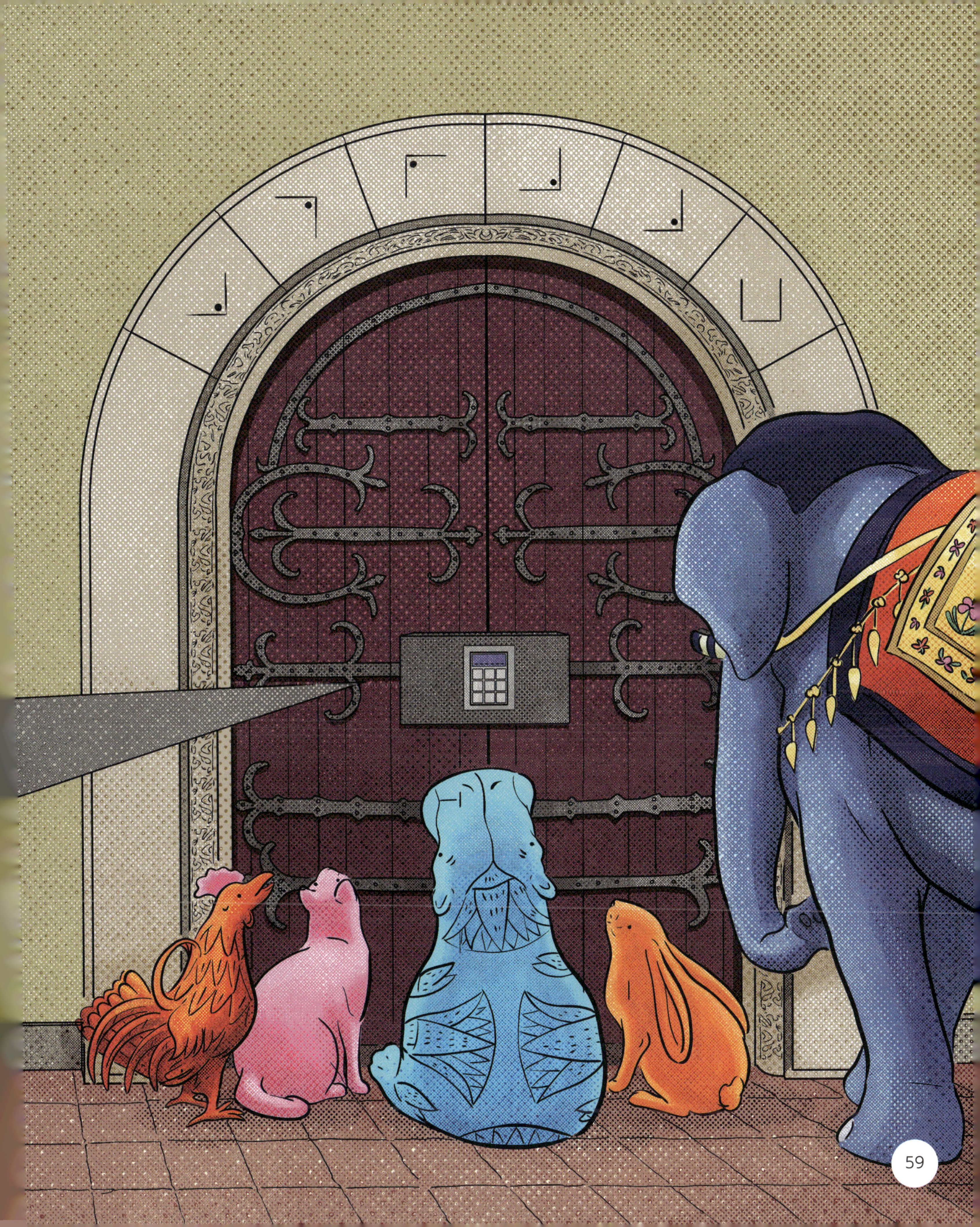

Bravo, William ! Merci d'avoir ouvert nos caisses. Les conservateurs ont organisé une exposition d'hippopotames en faïence bleue et c'est toi la star. Va donc t'installer sur ton nouveau podium !

Quelle belle surprise !
Je savais qu'il y avait d'autres hippopotames dans d'autres musées, mais je n'en avais jamais vu autant au même endroit.

RÉPONSES

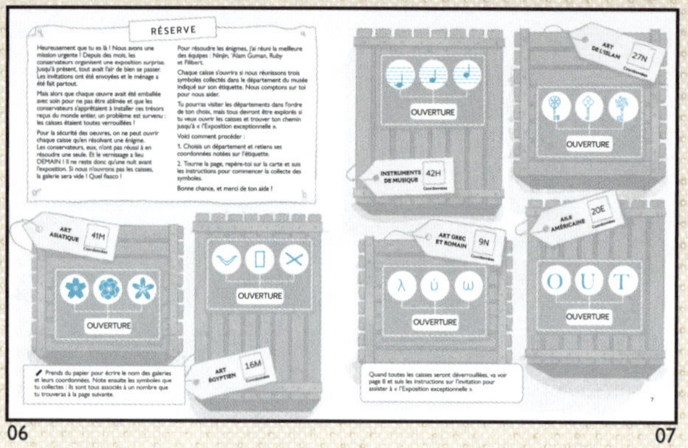

06 07

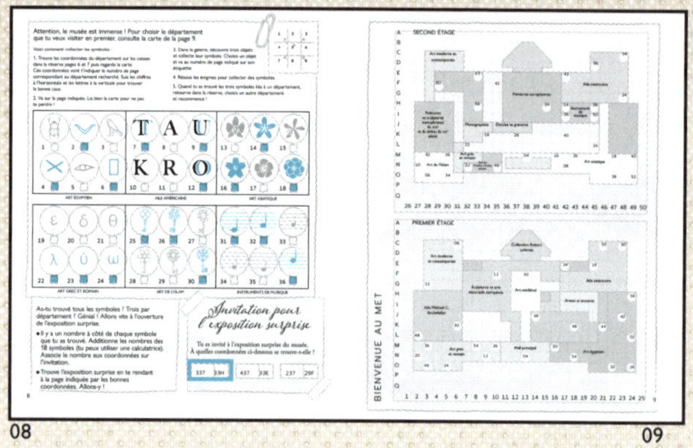

08 09

22 23

24 25

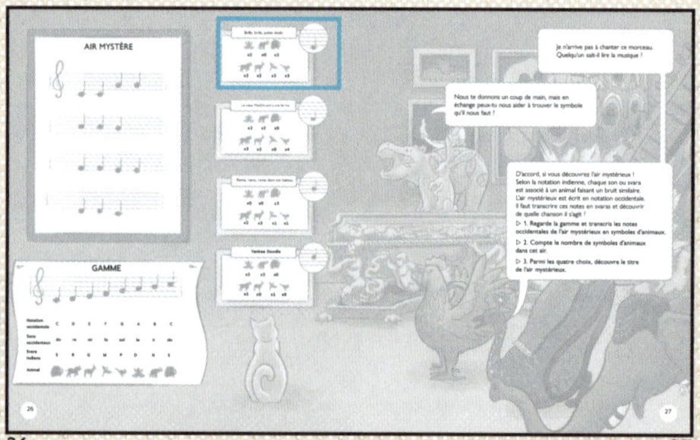

26 27

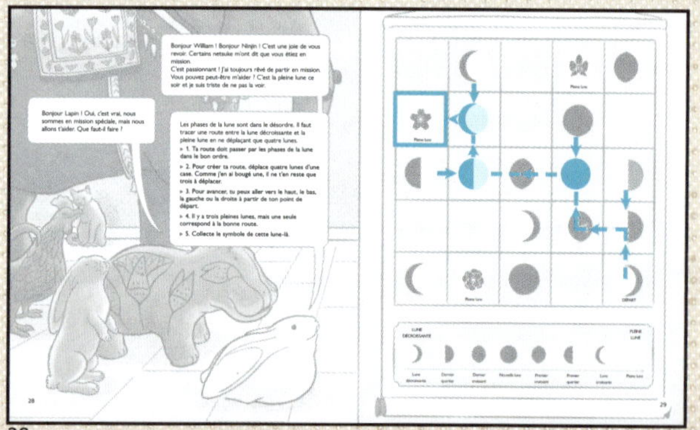

28 29

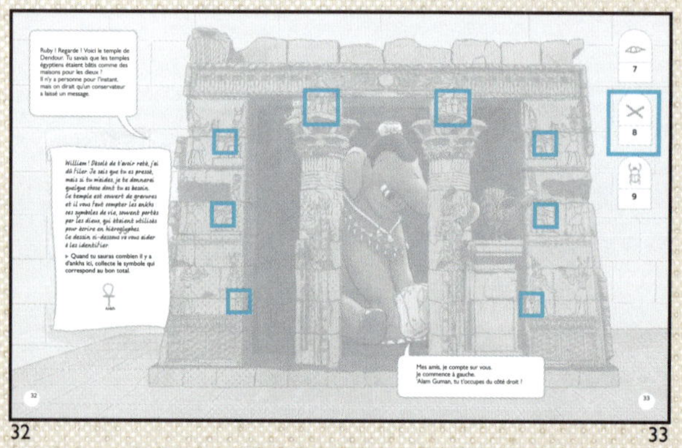

32 33

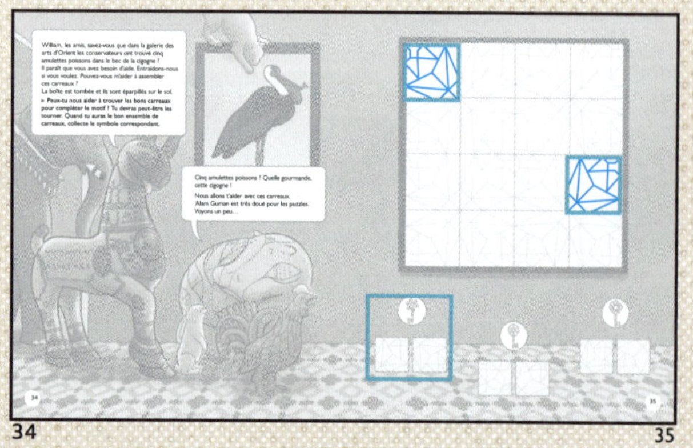

34 35

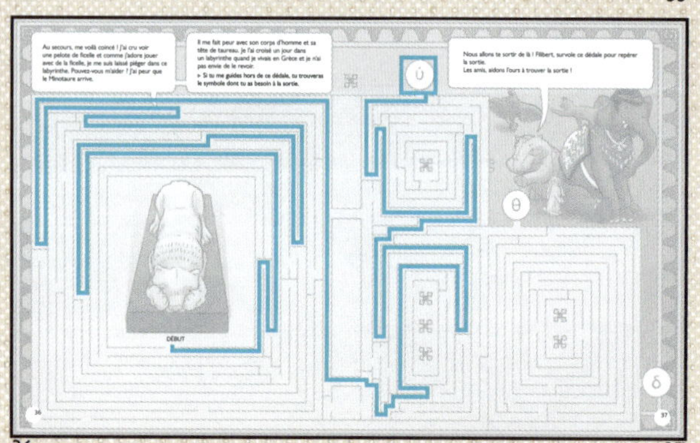

36 37

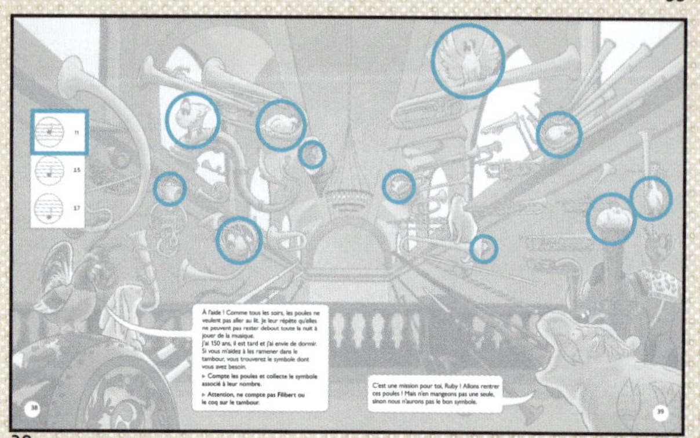

38 39

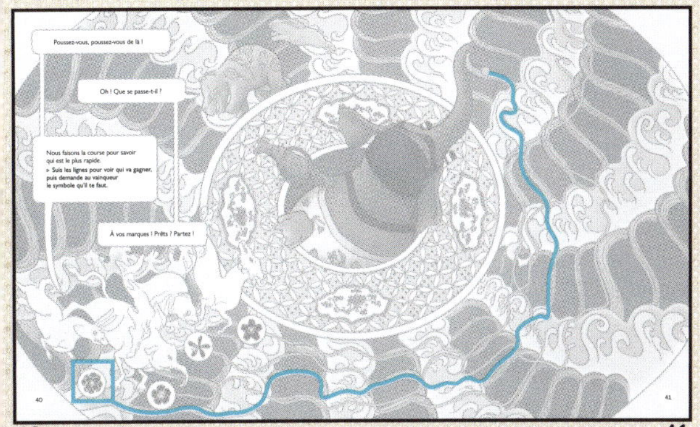

40 41

46 47

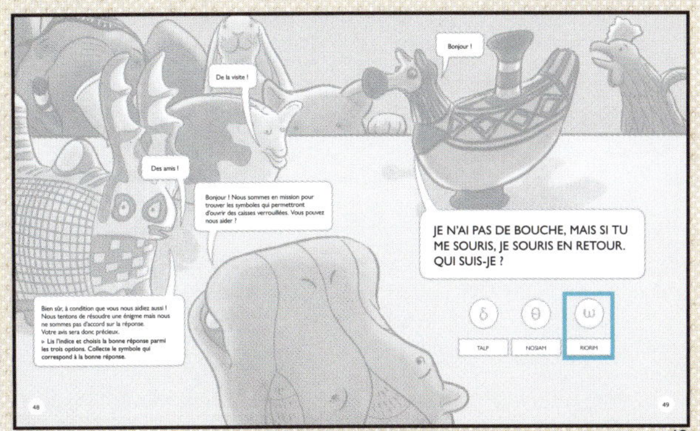

48 49

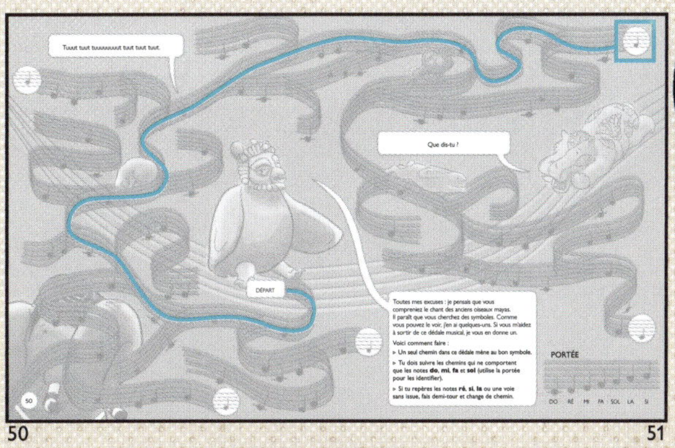

50 51

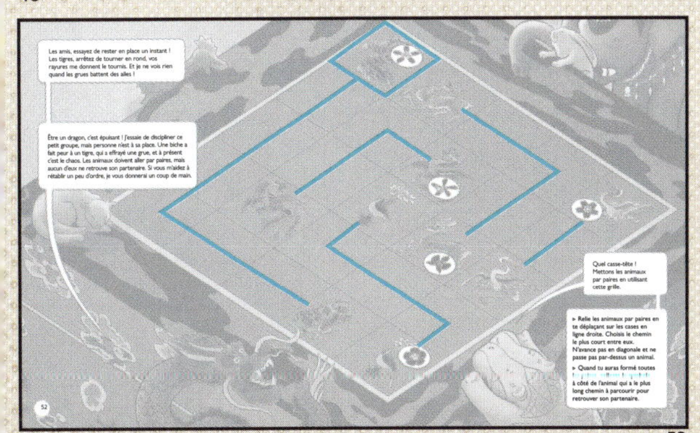

52 53

54 55

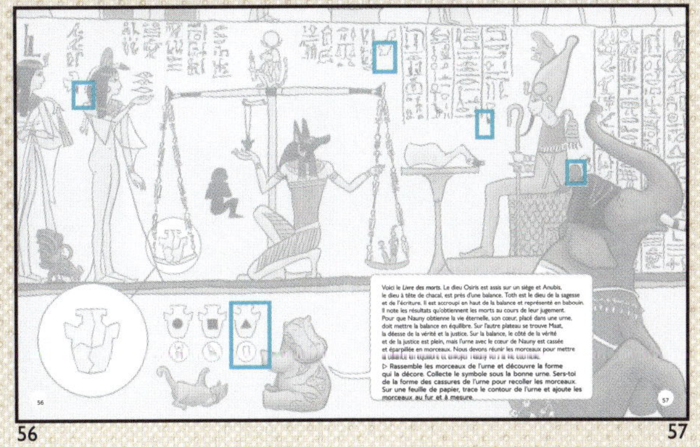

56 57

Pages 30-31 Aile américaine

O

CHAT	BICHE
OURS	CHIEN
BUFFLE	CHEVAL

Pages 42-43 Aile américaine

U

Gombos : 500 g
Chou frisé bleu-vert : 500 x 2 = 1000
Chou de Savoie : 25 % de 1000 = 250
Courge Hubbard : 3 x 250 = 750
Aubergine : 750 - 250 = 500
Pomme baumier : 10 % de 500 = 50
Tomates : 50 + 100 = 150
Chou rouge : 150 + 400 = 550 g

Pages 44-45 Galerie égyptienne

Pages 58–59 Fin

1 7 9 1 1 2

Publié pour la première fois en Grande-Bretagne en 2023
aux éditions Dorling Kindersley
DK, One Embassy Gardens, 8 Viaduct Gardens, London SW11 7BW

Direction de la publication Carine Girac Marinier
Édition Ella-Meï Tabernero Chaudet
Traduction Isabelle Chelley
Relecture-correction Vediteam
Couverture Sophie Rivoire
Calage Emma Nicolle
Informatique éditoriale Philippe Cazabet

Textes et illustrations par Helen Friel
Colorisation et illustrations additionnelles par Ben Hooley

21, rue du Montparnasse
75283 Paris CEDEX 06

ISBN : 978-2-03-606916-9

Imprimé en RPC
Dépôt légal : octobre 2024 – 337225/01
Code projet : 11056221 – avril 2024

Édition originale
Project Editor Rosie Peet
Project Art Editor Jon Hall
Art Director Giorgia Chiarion
Designer Vicky Read
Production Editor Siu Yin Chan
Production Controller Louise Minihane
Senior Acquisitions Editor Katy Flint
Managing Art Editor Vicky Short
Publishing Director Mark Searle

The authorised representative in the EEA is
Dorling Kindersley Verlag GmbH. Arnulfstr. 124, 80636 Munich, Germany

10 9 8 7 6 5 4 3 2 1
001–329257/–Aug/2023

Remerciements
L'autrice aimerait remercier toute l'équipe de DK ainsi que Ben Hooley et Kate Johnson.
Merci à tous les testeurs et relecteurs d'énigmes, notamment Charlie Cochrane, Leo Parker, Dena Stock, Tali Stock, Greg Jones, Yoko Jarvis, ainsi que Ian et Lynne Friel.

DK tient à remercier Stephen Mannello, Rachel High et Laura Corey du MET ; les conservateurs de l'art égyptien, de l'art islamique, de l'art asiatique, de l'art grec et romain, de l'aile américaine et des instruments de musique du MET ; Hilary Becker ; Helen Friel ; Giorgia Chiarion ; Vicky Read ; Rene Nel ; Rica Dearman ; Ben Hooley ; Kate Johnson ; Julia March, Lisa Stock, Jon Hall et Tori Kosara de DK ; et tous les testeurs d'énigmes.

Note de l'éditeur

Les animaux de ce livre vivent une aventure magique au Metropolitan Museum of Art. Les objets du musée sont tous très précieux, alors si tu vas visiter le musée en vrai, sois plus prudent que Ruby le chat et veille à ne pas toucher les objets.
Les illustrations de ce livre sont des représentations artistiques d'objets du MET et non des répliques exactes.
Tous les objets représentés dans ce livre ne sont pas toujours exposés au musée.

www.dk.com
www.metmuseum.org